EMPRESAS DE AGRONEGÓCIO COM RESPONSABILIDADE SOCIAL E AMBIENTAL

José Carlos de Anunciação Cardoso

ÍNDICE

INTRODUÇÃO

CÓDIGO FLORESTAL BRASILEIRO

COMO ABRIR UMA EMPRESA DE AGRONEGÓCIO

COMO LEGALIZAR A EMPRESA

REGULARIZAÇÃO DA PRODUÇÃO

RESPONSABILIDADE SOCIOAMBIENTAL NA PRODUÇÃO AGRÍCOLA PROCESSO ADMINISTRATIVO AMBIENTAL

SANÇÕES ADMINISTRATIVAS AMBIENTAIS

O FINANCIAMENTO DO AGRONEGÓCIO E A RESPONSABILIDADE DOS AGENTES FINANCEIROS NOS IMPACTOS AMBIENTAIS

PRÁTICAS PRODUTIVAS RESPONSÁVEIS

CONSIDERAÇÕES FINAIS

REFERÊNCIAS BIBLIOGRÁFICAS

GLOSSÁRIO

INTRODUÇÃO

Diante de um processo de globalização crescente, altamente focado no lucro e na ampliação cada vez mais concentrada de riqueza, tem sido o agronegócio um dos setores econômicos mais nevrálgicos na estrutura de desenvolvimento das nações e, para tanto, o investimento em capital intensivo tem sido uma constante.

O crescimento e a modernização da agricultura brasileira têm gerado benefícios socioeconômicos, incluindo a diversificação das economias locais, expansão dos rendimentos agrícolas e não agrícolas, aumenta de receitas fiscais municipais e melhoria na qualidade de vida. Mas a expansão agrícola do Brasil tem um aspecto negativo: a terra barata e abundante tem fomentado práticas insustentáveis.

Desmatamento, fragmentação da paisagem, perda da biodiversidade, erosão do solo, poluição da água e alterações no ciclo do carbono estão comprometendo saúde e a viabilidade do Cerrado e das florestas do Brasil, que estão entre as mais ricas do mundo em biodiversidade. Embora a expansão da agricultura na Amazônia e no Cerrado talvez seja inevitável, acreditamos que ela pode ser transformada em uma força de conservação, desde que ela seja canalizada para as áreas corretas, regulamentadas pelo Código Florestal Brasileiro, e rigorosamente monitoradas.

Nos últimos anos, a pressão dos compradores de grãos, especialmente na União Europeia, tem forçado os produtores e empresas do agronegócio brasileiro a rever suas prioridades. Muitos já compreendem que o cumprimento do Código Florestal não é apenas uma questão ambiental, é necessário para proteger os lucros e manter o acesso a investimentos e mercados importantes.

Com o intuito de auxiliar os produtores rurais a legalizarem as suas atividades agrícolas e florestais, adotando melhores práticas agropecuárias e florestais, apresentamos esta cartilha, com o intuito de orientar juridicamente o grande produtor rural, como também de que se utilize de técnicas menos impactantes de uso do solo, da vegetação natural e da água na propriedade rural, ensejando a responsabilidade social e ambiental das empresas de agronegócio. Nota-se que atualmente o termo responsabilidade social tem estado em evidência e percebe-se o crescente interesse das empresas em participarem de projetos sociais.

CÓDIGO FLORESTAL BRASILEIRO

O Código Florestal Brasileiro, atualmente regulado pela Lei nº 12.651, de 25 de maio de 2012. O Código estabelece limites de uso da propriedade, que deve respeitar a vegetação existente na terra, considerada bem de interesse comum a todos os habitantes do Brasil.

Considera Áreas de Preservação Permanente as florestas e outras formas de vegetação:

- das margens de cursos e massas de água (inclusive reservatórios artificiais),
- das nascentes de qualquer porte, 8585.
- dos topos de morro e outras elevações,
- das encostas com declive superior a 45 graus,
- das restingas, dunas e mangues,
- das bordas de tabuleiros e chapadas,
- de altitudes superiores a 1.800 m,
- que atenuam a erosão,
- que fixam dunas,
- que formam faixa de proteção ao longo de rodovias e ferrovias,
- que auxiliam a defesa do território nacional,
- que protegem sítios de valor estético, científico ou histórico,

- que abrigam espécies ameaçadas de extinção,
- que mantêm o ambiente necessário à vida de populações indígenas e outras,
- que asseguram o bem-estar público.

A exceção é a permissão de retirada da vegetação para execução de obras de interesse público, desde que com licenciamento ambiental e com a execução da compensação ambiental indicada. As terras indígenas só podem ser exploradas pelos próprios indígenas e em condições de manejo sustentável.

O código regulamenta também a porcentagem de reserva legal que deve ser mantida na propriedade privada, a declaração de imunidade ao corte de espécimes vegetais notáveis, as condições de derrubada de vegetação em área urbana e de manutenção de área verde no entorno de represas artificiais e o reflorestamento, inclusive pelo poder público em propriedades que tenham retirado a cobertura nativa além do legalmente permitido.

Dispõe também sobre a obrigatoriedade, por parte de empresas que usem matéria-prima oriunda de florestas, de que mantenham áreas de reflorestamento. Estipula as penalidades por agressão a áreas preservadas ou a objetos isolados de preservação, com agravante quando a infração ocorre no período de dispersão das sementes.

COMO ABRIR UMA EMPRESA DE AGRONEGÓCIO

O agronegócio é muito mais do que apenas a cultivar a terra ou a produção de animais. Muitas agroindústrias comprar ou vender os seus produtos diretamente aos agricultores, mas outros tipos de prestação de serviços de agronegócio que mantém os agricultores no negócio. Vejas os passos a seguir:

- Determinar que produtos ou serviços que você vai vender. Criar um plano de negócios que permite a projeção dos lucros que você pretende fazer ao longo de vários anos. Incluir neste plano de quaisquer despesas de suprimentos, licenças, seguros e outros custos operacionais. Figura nos custos de aquisição ou locação de terreno para o seu agronegócio startup, bem como todos os edifícios que você precisa. Também incluem os custos de qualquer equipamentos necessários na operação do seu negócio agrícola. A partir dessas despesas, determinar quanto dinheiro você pode precisar

pedir para que o seu negócio começasse.
- Buscar financiamento de um banco ou instituição de crédito outro que oferece empréstimos do agronegócio. Use as informações do seu plano de negócios para ajudá-lo a obter o empréstimo. Se você tem o capital para começar o negócio sem um empréstimo bancário, omitir este passo.
- Adquirir quaisquer licenças de negócios você precisa para operar em seu estado a partir do gabinete do secretário de Estado. Registrar o nome da sua empresa e pedir um número fiscal do escritório mesmo. Se você pretende operar o negócio como uma empresa de responsabilidade limitada ou sociedade anônima, preencher a papelada no gabinete do secretário de Estado também. Preencha aplicações para operar o seu negócio dentro dos limites da cidade com o gabinete do secretário cidade.
- Candidate-se a quaisquer licenças especiais que você pode precisar em nível estadual e federal. Por exemplo, você pode precisar de licença de um aplicador de produtos químicos, se spray de negócios erva daninhas com

herbicidas. Você pode precisar de autorizações especiais para a eliminação de resíduos agrícolas do departamento do estado dos recursos naturais.

- Configure o seu negócio na terra você compradas ou arrendadas. Construir ou adaptação de edifícios existentes para atender às finalidades do seu negócio. Comprar os materiais que você pretende vender aos seus clientes e prateleiras de ações. Comprar propriedade suficiente e seguro de responsabilidade civil para cobrir seus ativos.
- Desenvolver um plano de marketing para o seu agronegócio startup que identifique claramente você e sua empresa com uma marca ou logotipo. Identifique o seu mercado e as formas que você pode alcançar seus clientes. Pense em longo prazo, bem como de curto prazo, como você planeja estratégias de marketing. Procure maneiras de anunciar a sua marca que lhe trazem o maior retorno sobre o dólar marketing. Colocar anúncios em jornais, rádio e televisão, mas também pendurar folhetos em quadros de avisos em locais onde os potenciais clientes fazem negócios. Contratar alguém para criar um site para seu agronegócio.

- Contratar empregados. Embora nenhum treinamento especial é necessário para a maioria dos funcionários do agronegócio, as exceções podem existir. Contratar pessoas capazes de transportar cargas pesadas se você estiver vendendo produtos vendidos em £ 50. sacos. Escolha funcionários capazes de passar os testes necessários para obter qualquer licenciamento operador especial, como para operar um pulverizador de campo.

COMO LEGALIZAR A EMPRESA

A regularização ambiental de qualquer atividade produtiva, além de obrigatória, constitui-se em uma medida essencial para a sustentabilidade socioambiental. O cumprimento da legislação ambiental representa uma grande oportunidade para a diminuição dos custos de produção, e para a melhora da qualidade de vida dos seres humanos e das demais formas vivas.

A regularização ambiental é o primeiro passo para se ter chances na competição do mercado. Conforme anteriormente dito, cresce o número de barreiras não tarifárias impostas a processos e produtos agropecuários, os quais convivem com inúmeras exigências no mercado interno e no exterior, tais como a necessidade de rastreabilidade de produtos e da comprovação de responsabilidade social no arranjo produtivo, além de imposições como a comprovação do não usa de organismos geneticamente modificados, os OGMs, por alguns mercados.

Um prova das afirmações acima é que, cada vez mais, linhas de crédito e determinados mercados exigem que o produtor esteja adequado às legislações ambiental e social. A princípio tais exigências podem representar apenas custos adicionais. Porém, os custos com tal regularização poderão ser revertidos em vantagem comparativa, como será mostrado adiante. É certo que cada vez mais os mercados serão restritivos a produtos oriundos de áreas sem responsabilidade socioambiental comprovada.

Sempre que for proceder à legalização e regularização de sua propriedade, ou das atividades rurais, procure o órgão ambiental de sua região – estadual ou municipal. Poderão existir particularidades regionais, mais restritivas que a legislação federal. Por exemplo, a área de reserva legal pode ser maior em alguns municípios ou estados em relação ao mínimo previsto pela legislação federal.

A atividade agrícola exige alguns cuidados com a propriedade rural, a saúde do trabalhador, as práticas utilizadas no cultivo e a proteção ao meio ambiente. Para
que essa atividade seja efetivamente sustentável, alguns passos devem ser seguidos. E o primeiro desses é a adequação às normas legais. Para facilitar, apresentaremos abaixo uma lista do que deve ser feito para que você fique legal.

Mas lembre-se: não basta simplesmente atender às normas legais. Você também pode contribuir com boas práticas agrícolas para o desenvolvimento sustentável e agir com maior responsabilidade socioambiental. Mais do que atender às normas trabalhistas, sanitárias e ambientais, você pode contribuir para a melhoria da qualidade de vida das pessoas envolvidas diretamente na produção. Assim como também de toda a sociedade.

Licenciamento Ambiental

Embora não seja exigido por todos os estados da federação, é importante que o licenciamento seja feito antes do início das atividades agrícolas, devido ao caráter potencialmente degradador destas atividades. O mesmo vale para as propriedades localizadas em zonas de amortecimento das Unidades de

Conservação – UCs, e nas Áreas de Proteção Ambiental (APA).

Para tanto, você deve se dirigir ao órgão ambiental de seu estado ou município e verificar se há necessidade de licenciamento da atividade agropecuária.

Para obter a licença você deve procurar o órgão ambiental competente para
licenciar a localização, a instalação, a ampliação e a operação dessas atividades. Cada caso será analisado de acordo com disposições legais regulamentares e normas técnicas. A licença é fundamental para as atividades que utilizem recursos ambientais que possam ser caracterizadas como poluidoras ou degradadoras do meio ambiente.
Principais marcos legais: Lei Federal nº 6.938/1981, Resoluções Conama nº.
01/86 e n° 237/1997 e verificar legislação estadual pertinente.

Cadastro Técnico Federal CTF
O Cadastro Técnico Federal de Atividades Potencialmente Poluidoras ou Utilizadoras de Recursos Ambientais é obrigatório para pessoas físicas ou jurídicas que realizam atividades com potencial poluidor, tais como extração, produção,

transporte e/ou comercialização de produtos perigosos ao meio ambiente ou produtos e subprodutos da fauna e da flora. Todas as pessoas físicas ou jurídicas que exerçam atividades agropecuárias devem obter no IBAMA seu Cadastro Técnico Federal – CTF, que pode ser feito pela internet no endereço http://www.ibama.gov.br/, bastando clicar no link "serviços on-line".

Principais marcos legais: Lei Federal nº 6.938/1981, Portaria Normativa.

IBAMA nº 113/1997 e Instrução Normativa IBAMA nº 96/2006

Áreas de Preservação Permanente - São áreas de grande importância ecológica e social, que têm a função de preservar os recursos hídricos, a paisagem, a estabilidade geológica, a biodiversidade, o fluxo gênico da fauna e flora, proteger o solo e assegurar o bem-estar das populações humanas.

O Artigo 2º do Código Florestal considera de preservação permanente as seguintes áreas, cobertas ou não por vegetação nativa, localizadas nas áreas rurais e urbanas:

a) ao longo de cada lado dos rios ou de outro qualquer curso de água, em faixa marginal, cuja largura mínima deverá ser:

- de 30 metros para os cursos de água de menos de 10 metros de largura;
- de 50 metros para os cursos de água que tenham de 10 a 50 metros de largura;
- de 100 metros para os cursos de água que tenham de 50 a 200 metros de largura;
- de 200 metros para os cursos de água que tenham de 200 a 600 metros de largura;
- de 500 metros para os cursos de água que tenham largura superior a 600 metros.

b) ao redor das lagoas, lagos ou reservatórios de água naturais ou artificiais;

c) nas nascentes, ainda que intermitentes, e nos chamados "olhos de água", qualquer que seja a situação topográfica, num raio mínimo de 50 metros de largura;

d) no topo de morros, montes, montanhas e serras;

e) nas encostas ou parte destas com declividade superior a 45°, equivalente a 100% na linha de maior declive;

f) nas restingas, como fixadoras de dunas ou estabilizadoras de mangues;

g) nas bordas dos tabuleiros ou chapadas, a partir da linha de ruptura do relevo, em faixa nunca inferior a 100 metros em projeções horizontais;

h) em altitudes superiores a 1.800 metros, qualquer que seja a vegetação.

Quadro simplificado da legalização da propriedade rural

O que fazer?	Como e onde?
Para obter Licenciamento Ambiental para o exercício da atividade	Procurar o órgão ambiental competente para verificar se há exigência local de licenciamento;
Para obter Cadastro Técnico Federal - CTF	Cadastrar-se no IBAMA no endereço: http:www.IBAMA.gov.br/ - "serviços on line";
Para regularizar-se quanto à Reserva Legal (proporcional ao bioma)	Elaborar o georreferenciamento de sua propriedade e a plotagem de áreas de Reserva Legal; Aprovar a localização da Reserva Local em órgão ambiental competente; Realizar registro da reserva legal na escritura da propriedade; Preencher Ato Declaratório Ambiental no IBAMA.

Para regularizar-se quanto à Área de Preservação Permanente	Elaborar o georreferenciamento de sua propriedade e plotagem das APPs (variável de acordo com os atributos físicos e biológicos); Preencher Ato Declaratório Ambiental no IBAMA;
Obter Ato Declaratório Ambiental - ADA com vistas à isenção	Declarar que possui APP, RL, Reserva Particular de Patrimônio Natural do Imposto Territorial Rural – ITR. – RPPN ou Área de Relevante Interesse Ecológico – ARIE, ou ainda áreas sob manejo florestal e/ou reflorestamento em Documento de Informação e Apuração DIAT/ITR, em formulário impresso disponível nos postos do IBAMA ou em meio eletrônico, no site: http://www.ibama.gov.br/adaweb/, dependendo do caso.
Obter licença de porte e uso de motosserra	Efetuar cadastro no CTF, acessando o site http://www.IBAMA.gov.br. ou indo ao posto do IBAMA mais próximo.
Obter licença para utilização de recursos hídricos	Preencher formulário na Agência Nacional de Águas – ANA ou órgão ambiental equivalente em seu estado.

Obter licença para desmatamento e corte	Preencher "requerimento de solicitação para licença de conversão "para uso do solo" no IBAMA ou em órgão estadual equivalente.	
Obter autorização para realizar queimada controlada	Requerer autorização no IBAMA ou órgão estadual responsável em seu estado e seguir os procedimentos mínimos estipulados em norma específica	
Regularizar utilização de agroquímicos e afins	Obter receituário agronômico e seguir suas orientações Realizar a tríplice lavagem; Devolver as embalagens em postos de recolhimento mais próximos; Utilizar equipamentos de proteção individual; Observar o Plano de Manejo da Unidade, caso sua propriedade esteja dentro de uma Área de Proteção Ambiental.	
Explorar florestas	Elaborar Plano de Manejo Florestal Sustentável – PMFS e aprová-lo em órgão competente do Sistema Nacional do Meio Ambiente – SISNAMA	
Usar Organismos Geneticamente Modificados - OGMs	Observar faixas limites para plantio em Zonas de Amortecimento de Unidade de Conservação e verificar o documento fiscal do produto.	

REGULARIZAÇÃO DA PRODUÇÃO

Após a regularização ambiental de sua propriedade, você deve regularizar as ações que desenvolve nela. Observe que muitas atividades causam impactos. Muitas vezes estes são notados por meio de alterações negativas das propriedades físicas, químicas ou biológicas da água, do solo, do ar e na diminuição da biodiversidade
Veja a seguir alguns preceitos legais a serem observados para que você aja com
responsabilidade socioambiental.

Uso de Motosserra

Apesar de ser uma prática mais comum do que deveria, para o uso de motosserra em propriedades rurais é necessário que a máquina e o operador sejam registrados no IBAMA. O proprietário e o operador devem requerer a licença de porte e uso, efetuando seu cadastro no CTF (acesse o site http://www.IBAMA.gov.br/ ou procure o escritório do IBAMA mais próximo).

Para mais informações, procurar o IBAMA ou os órgãos ambientais municipais e estaduais de sua região. Principal marco legal: Lei Federal n° 7.803/1989.

Uso da água no interior da propriedade rural.

Para a utilização de recursos hídricos em sua propriedade rural, conforme uma das especificações abaixo, é necessário obter outorga válida por prazo determinado.

Situações que exigem outorga:
- derivação ou captação de água de curso natural ou depósito superficial;
- lançamentos diretos ou indiretos de esgotos e demais resíduos líquidos
- ou fluidos gasosos, tratados ou não;
- realização de obras hidráulicas;
- realização de serviços de limpeza;
- proteção de margens e desassoreamento de cursos d'água; e
- travessias em cursos d'água.

A outorga é o ato ou efeito de outorgar, consentir, dar uma concessão de uso. No caso da água, ela poderá ser obtida mediante o preenchimento de um formulário da Agência Nacional de Águas – ANA, quando se tratar de rios federais, ou órgão ambiental equivalente de seu estado, em se tratando de rios estaduais. O mesmo se aplica à implantação de barragens ou reservatórios conforme legislação específica.

Para mais informações, procure a Agência Nacional de Águas - ANA ou
órgão ambiental de seu estado ou, ainda, acesse o site http://www.ana.gov.br/GestaoRecHidricos/OutorgaFiscalizacao/Outorga/default.asp#formulário. Principais marcos legais: Lei Federal nº 9.433/1997, Instrução Normativa
MMA nº 04/2000, Resoluções CNRH nºs 16/2001 e 37/2004

Desmatamento

O desmatamento deverá ser sempre desestimulado, principalmente nas áreas com vegetação primária ou em adiantado estado de reconstituição. Porém, se o corte for inevitável, deverá ser previamente licenciado, pelo IBAMA ou pelo órgão estadual de meio ambiente. Os casos que exigem licenciamento são o corte de vegetação nativa, na abertura de novas áreas, e a exploração florestal. A licença será efetivada após o preenchimento do "requerimento de solicitação para licença de conversão para uso do solo".

Observe que existem árvores imunes ao

corte, tais como espécies em risco de extinção (veja lista do IBAMA) ou outras árvores consideradas símbolos estaduais (veja legislação estadual). Para mais informações, procure o IBAMA e o órgão ambiental de seu estado.

Principais marcos legais: Leis Federais nºs 4.771/65, 6.576/78, 6.938/81, 8.629/93,

9.605/1998, 11.428/2006, MP nº 2.166-67/2001, Decreto-Lei nº 3.583/41,

Decretos nºs 750/1993, 5.975/2006, Resoluções Conama nºs 04/85, 01/86, 11/86 e

13/90, Instruções Normativas MMA nºs 04/1999, 03/2001, 03/2002, 74/2005 e

75/2005, Portarias IBAMA nºs 83-N/91, 113/1995 e Portaria MMA nº 303/2003.

Queimadas controladas

Queimada controlada é definida como o emprego do fogo como fator de produção e manejo em atividades agropastoris ou florestais e para fins de pesquisa científica e tecnológica, em áreas com limites físicos de área previamente definidos.

O uso do fogo é proibido, mesmo sob a forma de queima controlada, quando se trata da queima de vegetação contida numa faixa de mil metros de aglomerado urbano de qualquer porte, delimitado a partir do seu centro urbanizado, ou superior a quinhentos metros a partir do seu perímetro urbano.

Nos casos permitidos, para a realização da queima controlada, o proprietário rural depende de prévia autorização do órgão ambiental responsável, devendo atender a uma série de premissas, tais como: Definir as técnicas, os equipamentos e a mão-de-obra a serem utilizados;

- Fazer o reconhecimento da área e avaliar o material a ser queimado;
- Promover o enleiramento dos resíduos de vegetação, de forma a limitar a ação do fogo;
- Preparar aceiros de, no mínimo, três metros de largura, ampliando esta faixa quando as condições ambientais, topográficas, climáticas e o material combustível assim exigirem;
- Providenciar pessoal treinado para atuar no local da operação, com equipamentos apropriados ao redor da área, e evitar propagação do fogo fora dos limites estabelecidos;
- Comunicar formalmente aos vizinhos a intenção de realizar a queima controlada, com o esclarecimento de que, oportunamente, e com a antecedência necessária, a operação será confirmada com a indicação da

- data, hora do início e do local onde será realizada a queima;
- Prever a realização da queima em dia e horário apropriados, evitando-se os períodos de temperatura mais elevada e respeitando-se as condições dos ventos predominantes no momento da operação;
- Providenciar o oportuno acompanhamento de toda a operação de queima, até sua extinção, com vistas à adoção de medidas adequadas de contenção do fogo na área definida para o emprego do fogo.

Para mais informações procure o IBAMA ou o órgão ambiental de seu Estado. Principais marcos legais: Leis Federais nºs 4.771/65, 9.605/1998, 9.985/2000, MP nº 2.166-67/2001, Decretos-lei nº 2.848/1940 e 3.689/1943, Decreto nºs 2.905/1998, 2.661/1998, 2.959/1999 e 3.010/1999, Resolução Conama nº 11/88, Portarias IBAMA nºs 18/1999, 01/2001, Portaria MMA nº 346/1999. Agroquímicos e afins.

Agroquímicos e afins

Na agricultura tecnificada, a utilização de agroquímicos, entre eles os agrotóxicos, é uma técnica muito empregada atualmente para a manutenção de altas produtividades agrícolas, com o objetivo de controlar temporariamente pragas e doenças. Além disso, produtos químicos são utilizados para antecipar ou retardar o ciclo reprodutivo de plantas e acelerar o crescimento de animais.

Como se sabe, dado o seu caráter de toxicidade, o uso desses produtos pode ocasionar efeitos adversos à saúde humana e ao meio ambiente. Contudo, problemas adicionais decorrem do emprego de forma desordenada, de volume e número de aplicações acima do necessário.

Assim como do método de utilização, do transporte e do armazenamento incorreto do produto antes e após a sua aplicação, além do descarte incorreto das embalagens.

Sendo assim, é importante destacar que o uso desses produtos deve ser feito com o máximo rigor. Para a utilização, comercialização e transporte de agroquímicos e afins é necessário o cumprimento das normas de segurança de trabalho e de armazenamento; a realização da tríplice lavagem e a devolução das embalagens.

Infelizmente, o emprego de tais produtos ocorre sem os devidos cuidados, isto é, sem a utilização de equipamentos de proteção individual – EPI e em áreas próximas a nascentes, florestas, áreas habitadas e Unidades de Conservação, o que é proibido, além de ocasionar, constantemente, problemas ambientais e de saúde.

Antes de devolver as embalagens aos postos de recolhimento mais próximos de sua propriedade, você deve providenciar a tríplice lavagem, dentro dos padrões técnicos definidos, sem descartar a água residual nos cursos d'água. Lembre-se, ainda, de procurar um responsável técnico legalmente habilitado, para obter uma receita ou receituário agronômico, antes de adquirir e utilizar os produtos.

No caso de sua propriedade estar situada na Zona de Amortecimento (veja
(glossário) de alguma Unidade de Conservação, ou dentro, no caso de Área de Proteção Ambiental (APA), você deve observar o disposto no Plano de Manejo da Unidade e nas normas estabelecidas pelo órgão ambiental responsável pela gestão da unidade.

Mais informações sobre técnicas de emprego, destinação, aplicação e cuidados podem ser obtidas junto ao órgão de extensão rural de sua região; na EMBRAPA; na Associação Nacional para Difusão de Adubos – ANDA; na Confederação da Agricultura e Pecuária do Brasil – CNA; no Instituto Brasileiro do Meio Ambiente e dos Recursos Naturais Renováveis – IBAMA; Agência Nacional de Vigilância Sanitária –

ANVISA; Ministério da Agricultura, Pecuária e Abastecimento – MAPA e o Conselho Regional de Engenharia, Arquitetura e Agronomia - CREA.

Principais marcos legais: Leis Federais n°s 7.802/1989, 9.974/2000 e 9.985/2000, Decreto-lei n° 5.452/1943, Decretos n°s 4.074/2002, 5.549/2005 e 5.981/2006, Portarias MAPA n°s 329/1985 e 153/1988, Resoluções Confea n°s 344/1990 e 377/1993.

Exploração florestal

O manejo florestal sustentável de florestas e formações em estágio avançado de regeneração, de domínio público como de domínio privado, depende de prévia aprovação do Plano de Manejo Florestal Sustentável – PMFS, avaliado pelo órgão competente do Sistema Nacional do Meio Ambiente – Sisnama (leiam-se órgãos ambientais estaduais, municipais, IBAMA, etc.).

As áreas florestais de uma propriedade rural podem ser manejadas (exceto as já mencionadas APPs) mediante a elaboração e aprovação do Plano de Manejo.

Como dissemos, as RLs podem ser exploradas para fins madeireiros e não madeireiros sem corte raso, contribuindo para a geração de renda, conservação da biodiversidade e melhoria da qualidade de vida.

No Plano de Manejo Florestal Sustentável estão as diretrizes e procedimentos para a administração da floresta, visando à obtenção de benefícios econômicos, sociais e ambientais, observada a definição de manejo florestal sustentável.

Para mais informações procure o IBAMA ou órgão ambiental de seu estado.

Principais marcos legais: Leis Federais nºs 3.824/1960, 4.771/1965, 6.576/1978, 11.284/2006, MP nº 2.166-67/2001, Decreto nº 5.975/2006, Resoluções Conama nºs 13/90, 03/96, 278/2001, Instruções Normativas IBAMA nºs 15/2001, 02/2002, 30/2002, 07/2003, 74/2005, 75/2005, 93/2006, 101/2006, Instruções Normativas MMA nºs 03/2001, 11/2002, 01/2003, 08/2004, 02/2006, 04/2006 e 05/2006, Portarias IBAMA nºs 83/1991, 113/1995, Decisão Normativa Confea nº 79/2006.

Organismos geneticamente modificados OGM's

Também conhecidos por transgênicos, são organismos manipulados geneticamente, pela introdução de genes, geralmente de outros organismos, por métodos biotecnológicos, de modo a introduzir novas características. Os OGMs possuem alteração em trecho(s) do genoma realizada através da tecnologia do DNA recombinante ou engenharia genética.

Observe que a utilização de determinadas técnicas de melhoramento genético não implica dizer que determinado organismo é modificado geneticamente. Assim, existem técnicas como fecundação in vitro e outros processos naturais que não são considerados entre aqueles que alteram o DNA de um ser vivo.

É proibido o plantio de OGMs no perímetro das unidades de conservação - UCs, com exceção das Áreas de Proteção Ambiental – Apas. No caso de plantio de transgênicos na Zona de Amortecimento de Unidade de Conservação (veja glossário) é importante observar as faixas limites para o plantio de acordo com o produto a ser aplicado e a cultura utilizada. Os limites para a soja e o algodão já foram definidos. As distâncias são as seguintes:

- 500 metros para o caso de plantio de soja geneticamente modificada, que confere tolerância ao herbicida glifosato;
- 800 metros para o caso de plantio de algodão geneticamente modificado, que confere resistência a insetos; e,
- 5.000 metros para o caso de plantio de algodão geneticamente modificado, que confere

resistência a insetos, quando existir registro de ocorrência de ancestral direto ou parente silvestre na unidade de conservação.

Todos os produtos que contenham pelo menos 1% de OGM devem ser rotulados. A natureza transgênica dos produtos agrícolas também deve constar dos documentos fiscais que acompanham os carregamentos de grãos.

É importante que os agricultores fiquem atentos para a necessidade de segregação ou para as possíveis restrições na comercialização de certos OGMs.

Para mais informações, procure o IBAMA ou órgão ambiental de seu estado.

Principais marcos legais: Leis Federais nºs 11.092/2005, 11.105/2005, MP nº 327/2006, Decretos nºs 4.680/2003, 5.591/2005, 5.891/2006.

RESPONSABILIDADE SOCIOAMBIENTAL NA PRODUÇÃO AGRÍCOLA

O agronegócio, responsável por 33% do Produto Interno Bruto - PIB brasileiro, emprega 40% da população economicamente ativa e é o maior gerador de divisa para a balança comercial. Em termos regionais, o Cerrado corresponde, aproximadamente, a 42% do PIB do agronegócio. Geradora de tantas divisas, a produção agrícola é composta por atividades potencialmente poluidoras e degradadoras do meio ambiente e, portanto, passíveis de licenciamento ambiental e sujeitas a restrições de uso, conforme disposições legais vigentes no País.

As disputas comerciais entre países, a evolução dos conhecimentos relacionados ao equilíbrio da natureza e da Legislação ambiental, as barreiras tarifárias – principalmente no âmbito da Organização Mundial do Comércio – foram responsáveis, nos últimos anos, por uma série de adequações do agronegócio.

Em relação às normas ambientais, que antes pareciam meras imposições, hoje se reconhece que a conservação do patrimônio natural é garantia de um bom negócio.

Os recursos naturais, antes utilizados de forma abusiva como se fossem inesgotáveis, são finitos e constituem-se no maior patrimônio da sociedade. Como mensurar o valor da água, dos fenômenos e dos animais polinizadores ou dispersores de sementes, da chuva, do vento e do ar puro na vida de um produtor? Como considerar o valor da biodiversidade para o PIB nacional?

Preocupações como essas são tratadas a partir de um conceito que está se
fortalecendo a cada dia, o socioambiental. A busca pela sustentabilidade, em seus aspectos sociais, econômicos e ambientais, deixou de ser uma meta de longo prazo. Tornou-se um objetivo a ser perseguido cotidianamente por um segmento comercial globalizado e exigente.

As tensões criadas pelas disputas comerciais tornaram evidentes os desequilíbrios entre o meio ambiente, a questão social e a demanda por produtos e serviços. Os quais, muitas vezes, promovem ganhos imediatos em detrimento da sustentabilidade do meio, das populações tradicionais, de seus conhecimentos e sustentabilidade da produção ao longo dos anos.

A procura pela incorporação da responsabilidade socioambiental por parte de vários segmentos empresariais nos sistemas produtivos tem sido objeto de ações
nas mais variadas áreas da sociedade, o que está promovendo grandes e irreversíveis alterações no setor agrícola. As chances de bons negócios são inequivocamente maiores para os produtores dispostos a enfrentar novos desafios e rever seus conceitos e suas atitudes perante o patrimônio natural.

A intenção é colaborar para que o setor rural

se torne um aliado da conservação ambiental, aproveitando-se de técnicas e práticas que alinham a conservação a um retorno econômico considerável. Ou seja, o sonhado desenvolvimento sustentável. Essas práticas possibilitam o uso do patrimônio natural, mas com responsabilidade social. Este é o grande desafio, e você, produtor, está convidado a participar.

Para que o desenvolvimento sustentável seja alcançado é necessário a adoção das melhores práticas agrícolas, mais pesquisas, maior respeito com o conhecimento de comunidades tradicionais e o cumprimento da legislação ambiental e social. Desta forma, você, proprietário rural, estará contribuindo para a conservação do meio ambiente, minimizando impactos com responsabilidade social.

Para tanto, é importante inicialmente entender as diferentes divisões territoriais utilizadas em nosso país, criadas para disciplinar atividades produtivas, comerciais, conservacionistas e orientar políticas públicas.

PROCESSO ADMINISTRATIVO AMBIENTAL

No procedimento administrativo sancionador observam-se duas fases: a fase apuratória e a fase executiva. No primeiro momento, verifica-se a ocorrência da infração ambiental, com a lavratura do auto de infração e termos correlatos, consistentes em Termo de Embargo e Interdição, Termo de Apreensão e Depósito, Termo de Destruição, Termo de Demolição, Termo de Doação e Termo de Soltura de Animais, conforme a natureza da infração. O processo será instaurado na unidade federativa do local da infração.

Posteriormente, é conferido ao autuado a possibilidade de apresentar suas razões de defesa, no prazo de 20 dias, contados da data em que tomou ciência da autuação.

Tal ciência poderá se dar pessoalmente, caso o autuado esteja presente no momento da ação fiscalizatória, por representante, por carta registrada com aviso de recebimento ou ainda por publicação de edital, caso o autuado encontre-se em local incerto ou não for localizado em seu endereço.

A área de fiscalização, percebendo que a conduta praticada pelo autuado constitui também prática de crime ambiental, deverá promover a comunicação ao Ministério Público, acompanhado de toda documentação pertinente, bem como histórico de infrações do autuado. Paralelamente à apuração da ocorrência da infração administrativa ambiental, ocorrerá a persecução penal pelo Ministério Público pelo cometimento pelo infrator de crime ambiental.

Voltando ao âmbito administrativo, após a apresentação da defesa, de acordo com a IN 14/2009, haverá tramitação atinente à confecção de pareceres técnicos, análises jurídicas pertinentes e saneamentos correlatos, que culminarão com o julgamento do auto de infração pela autoridade julgadora. Trata-se de autoridade de nível superior, servidor público, designado pelo Superintendente do IBAMA, com atribuições previstas no art. 2º da IN 14, consistentes em:

"*I – homologar providências decorrentes de Notificações das quais não decorram a lavratura de autos de infração.*

II - decidir motivadamente sobre produção de provas requeridas pelo autuado ou determinadas de ofício no âmbito dos processos de sua competência para o julgamento;

III – decidir sobre o agravamento de penalidades de que trata o art. 11 do Decreto nº 6.514, de 2008 no âmbito dos processos cujo julgamento seja de sua competência;

IV - julgar as infrações em primeira instância cujo valor da multa atribuído no auto de infração seja de até R$ 2.000.000,00 (dois milhões de reais); (com redação dada pela IN 27/2009)

V - apreciar pedidos de conversão de multa, cujo valor da multa atribuído no Auto de Infração seja de até R$ 2.000.000,00 (dois milhões de reais), decidindo motivadamente sobre seu deferimento ou não; e

VI – apreciar pedidos de parcelamento de multas no valor de até R$ 2.000.000,00 (dois milhões de reais), decidindo sobre seu deferimento ou não."

A Instrução Normativa nº 14/2009, que revogou a IN nº 08/2003, incluiu duas autoridades técnicas até então inexistentes na estrutura do IBAMA: a equipe técnica e a autoridade julgadora. A Equipe técnica consiste em equipe criada para atendimento processual das fases do procedimento administrativo apuratório, atinente às intimações, notificações, elaboração de pareceres técnicos e saneadores, juntada de documentações e publicações pertinentes.

Uma vez julgado o auto de infração, poderá o infrator apresentar recurso, no prazo de 20 dias. Não recorrendo, ocorre o trânsito em julgado administrativo, no 21º dia após a intimação.

Na fase apuratória, a administração submete-se ao prazo prescricional de cinco anos para averiguar a prática da infração, a contar da data da lavratura do auto de infração. Submete-se também à observância do lapso prazal trienal, que ocasiona a ocorrência da prescrição intercorrente, consistente na paralisação do processo por mais de três anos, sem que tenha havido qualquer movimentação processual imputável à administração.

Há 04 hipóteses de interrupção da prescrição, três delas previstas no Decreto nº 6514/2008 e a última consignada na Lei nº 9873/1999, após alteração impressa pela Lei nº 11.941/2009, consistentes no recebimento do auto de infração ou pela cientificação do infrator por qualquer outro meio, inclusive por edital; pela prática de qualquer ato inequívoco da administração que importe apuração do fato; pela decisão condenatória recorrível ou ainda pela prática de qualquer ato inequívoco que importe em manifestação expressa de tentativa de solução conciliatória no âmbito interno da administração pública federal.

Respeitado o lapso prazal garantido para a apuração da prática da infração ambiental pela administração e homologado o auto de infração, com a formação da coisa julgada administrativa, inicia-se a fase executória extrajudicial, para que seja possibilitada a persecução do valor da multa atribuído ao auto de infração.

Em tal fase, não mais se questiona, administrativamente, a motivação da aplicação da penalidade, pois a discussão jurídica acerca da legalidade da autuação, bem como dos parâmetros para aplicabilidade e seus limites foram já abordados na fase apuratória, em que se conferiu ao autuado a oportunidade de oferecer defesa, produzir provas e ainda recorrer, caso descontente com o julgamento proferido pela autoridade julgadora. Tendo o administrado se uitlizado de tais garantias, com a formação da coisa julgada admistrativa, não resta mais local para discussão acerca da formação do crédito a ser perseguido pela administração.

Esgotando-se a possibilidade de interposição de recurso, o autuado será intimado para o pagamento do débito em 05 dias, momento em que lhe será concedido desconto de 30% sobre o valor da multa. Não efetuando o pagamento, o débito será inscrito no CADIN. De acordo com o art. 160 da IN 14, para que se faça a inclusão no Cadastro Informativo de Créditos não Quitados do Setor Público Federal, o processo deverá ser remetido à unidade administrativa de jurisdição do domicílio do autuado.

Tal remessa dos autos à unidade jurisdicional do domiciliado tem o condão de facilitar os procedimentos de cobrança, bem como para possibilitar a propositura de ação de execução fiscal.

Neste momento, o pronunciamento jurídico, bem como as decisões administrativas referentes ao auto de infração já foram tomadas pela Superintendência de origem, não cabendo à Superintendência que recebe os autos com o fito de inscrição no Cadin exercer qualquer juízo meritório sobre os autos do processo. Percebendo algum setor, ou a própria Procuradoria, que pode ter ocorrido razão para nulidade do processo em sua fase apuratória, deverá levantar a questão e remeter os autos para a Superintendência de origem, para que seja analisada por seu corpo jurídico ou técnico, a depender do aspecto suscitado. Razões de mérito, discricionárias ou entendimento jurídico divergente não devem ser levantados pela Superintendência receptora dos autos, sob pena de se revestir tal conduta de feições correicionais, atribuição não conferida a nenhuma Superintendência do IBAMA.

Nesta fase, poderá ser levantada a ocorrência de prescrição da pretensão executória, a ser analisada pela Procuradoria receptora dos autos para inscrição no Cadin, consistente na observância do prazo de 05 anos, a contar do julgamento definitivo da infração, para persecução do crédito. A Lei nº 9.873/1999, em seu artigo 1º, preleciona que com a constituição definitiva do crédito não tributário, após o término regular do processo administrativo, restará submetida à administração ao prazo de 05 anos para a interposição de ação de execução fiscal, relativa a crédito decorrente da aplicação de multa por infração à legislação em vigor.

A Orientação Jurídica Normativa n.º 06/2009/PFE/IBAMA, que possui aplicabilidade vinculante no âmbito das procuradorias junto ao IBAMA, relata que:

"após o julgamento definitivo da infração, caso o interessado não pague a multa administrativa no prazo previsto na Lei n.º 8.005/1990, inicia-se a contagem do prazo prescricional de cinco anos da pretensão executória, em razão do princípio da simetria e consoante previsão do Decreto n.º 20.910/1932."

Assim, escoado o prazo de cinco anos, contados a partir da data em que houve a consolidação da multa aplicada, sem que tenha havido qualquer causa suspensiva ou interruptiva do prazo prescricional, opera-se a prescrição da pretensão executória.

  Neste caso, deverá a Procuradoria Federal junto ao IBAMA receptora dos autos opinar pela ocorrência da prescrição da pretensão executória, sugerindo a baixa nos registros pertinentes, bem como a apuração de responsabilidade funcional daquele que deu causa, submetendo os autos ao Superintendente, que declarará a prescrição e determinará as diligências pertinentes. Após, devem os autos ser remetidos para a unidade de origem, para ciência e verificação de existência de outras medidas a serem adotadas.

  Quanto à apuração da responsabilidade funcional daquele que deu causa à prescrição, deverá ser afastada tal averiguação quando a ação de execução fiscal deixou de ser interposta por não atingir o valor mínimo estabelecido para seu ajuizamento. No caso de créditos originados de multas aplicadas em decorrência do poder de polícia, em que se inserem as multas administrativas aplicadas pelo IBAMA, tal valor é de R$ 500,00 (quinhentos reais). Leia-se a Portaria n.º 915, de 16 de setembro de 2009, cujo artigo 3º traz a seguinte disposição:

"Art. 3º Na cobrança de créditos das autarquias e das fundações públicas federais, ficam os Procuradores Federais dispensados de efetuar a inscrição em dívida

ativa, do ajuizamento de ações e da interposição de recursos, bem como da solicitação de autorização para requerimento de extinção da ação ou de desistência dos respectivos recursos judiciais, quando o valor atualizado do crédito for inferior ou igual a R$ 1.000,00 (mil reais), ressalvados os casos relativos a créditos originados de multas aplicadas em decorrência do exercício do poder de polícia, hipótese na qual o limite referido fica reduzido para R$ 500,00 (quinhentos reais)."

Sendo assim, se o valor da multa aplicada era baixo e nos 05 anos seguintes não atingiu o patamar de R$500,00, tal fato não poderá ser imputado a servidor.

Por fim, resta lembrar que, caso haja necessidade de reparação de dano ambiental pelo autuado, esta obrigação deve ser tutelada pela administração, que poderá ajuizar ação civil para sua reparação, independente da ocorrência da prescrição, tendo em vista ser a reparação do dano ambiental obrigação imprescritível.

SANÇÕES ADMINISTRATIVAS AMBIENTAIS

A Carta Constitucional preceitua a tríplice responsabilização por lesões ao meio ambiente, nas esferas penal, civil e administrativa. A Constituição Federal confirmou a responsabilidade administrativa como consectário das condutas lesivas ao meio ambiente. Posteriormente, foi editada a Lei n. 9.605/98 que preencheu o ordenamento jurídico com o trato da matéria no âmbito penal e administrativo. Assim é que a Lei n. 9.605/98 estabelece nos artigos 70 e seguintes os fundamentos legais para a imputação da responsabilidade administrativa, atendendo ao princípio da legalidade.

A Lei da Natureza cuidou de conceituar as infrações administrativas como "toda ação ou omissão que viole as regras jurídicas de uso, gozo, promoção, proteção e recuperação do meio ambiente" e com isso relegou a outras normas o estabelecimento das regras de uso, gozo, promoção, proteção e recuperação do meio ambiente. O Decreto nº 6.514/2008 preencheu essa lacuna do ordenamento e especificou os tipos infracionais e as sanções correspondentes.

Sanções administrativas e medidas acautelatórias do decreto nº 6.514/2008.

O Decreto n. 6.514/2008 limitou-se a reproduzir as sanções administrativas elencadas no art. 72 da Lei n. 9.605/98. Inovou ao trazer detalhamentos para sua aplicação prática no âmbito do exercício do poder de polícia ambiental:

Art. 3º As infrações administrativas são punidas com as seguintes sanções:

- I - advertência;
- II - multa simples;
- III - multa diária;
- IV - apreensão dos animais, produtos e subprodutos da fauna e flora e demais produtos e subprodutos objeto da infração, instrumentos, petrechos, equipamentos ou veículos de qualquer natureza utilizados na infração;
- V - destruição ou inutilização do produto;
- VI - suspensão de venda e fabricação do produto;
- VII - embargo de obra ou atividade e suas respectivas áreas;
- VIII - demolição de obra;
- IX - suspensão parcial ou total das atividades; e
- X - restritiva de direitos.

§ 1º Os valores estabelecidos na Seção III deste Capítulo, quando não disposto de forma diferente, referem-se à multa simples e não impedem a aplicação cumulativa das demais sanções previstas neste Decreto.

Antes de se adentrar no comentário acerca das sanções administrativas, impende fazer um esclarecimento. Quando da constatação da infração administrativa, em regra, o agente autuante, competente para deflagrar o procedimento apuratório no âmbito da administração lavra um auto de infração em que se descreve a conduta imputada ao autuado, se apresenta o seu enquadramento normativa e se indica a sanção supostamente adequada ao caso.

Perceba-se que a sanção consignada no auto de infração é mero indicativo do agente autuante. Ela somente se consubstancia como efetiva sanção, após conferir ao autuado o exercício do direito ao contraditório e à ampla defesa e após julgamento pela autoridade competente. No julgamento do auto de infração, a autoridade competente pode minorar, majorar, alterar ou cancelar a sanção indicada no auto de infração, com vistas a adequar a penalidade ao fato ilícito efetivamente cometido.

Também no ato da fiscalização, cabe ao agente autuante adotar medidas acautelatórias, que gozam do atributo de autoexecutoriedade, e que visem a evitar a continuidade infracional, o agravamento do dano ambiental, ou a resguardar a utilidade do processo administrativo, consoante dispõe o Decreto n. 6.514/2008:

Art. 101. Constatada a infração ambiental, o agente autuante, no uso do seu poder de polícia, poderá adotar as seguintes medidas administrativas:

- I - apreensão;
- II - embargo de obra ou atividade e suas respectivas áreas;
- III - suspensão de venda ou fabricação de produto;
- IV - suspensão parcial ou total de atividades;
- V - destruição ou inutilização dos produtos, subprodutos e instrumentos da infração; e
- VI - demolição.

§ 1º As medidas de que trata este artigo têm como objetivo prevenir a ocorrência de novas infrações, resguardar a recuperação ambiental e garantir o resultado prático do processo administrativo.

§ 2º A aplicação de tais medidas será lavrada em formulário próprio, sem emendas ou rasuras que comprometam sua validade, e deverá conter, além da indicação dos respectivos dispositivos legais e regulamentares infringidos, os motivos que ensejaram o agente autuante a assim proceder.

Verifica-se que há correspondência entre as tipologias de medidas acautelatórias com espécies de sanção. A diferença reside, contudo, no momento e na forma por que são tomadas referidas ações. As medidas acautelatórias exercem apenas função preventiva e cautelar a uma das finalidades maiores descritas no §1º.

demais de não exercerem função repressiva ou educativa, estão revestidas do atributo de autoexecutoriedade, surtindo efeito com a mera aplicação pelo agente autuante ou, incidentalmente, pela autoridade julgadora. A sanção, por outro lado, somente se consubstancia com decisão da autoridade julgadora e serve para reprimir e educar o infrator.

I. **Advertência**

Com maior frequência os tipos infracionais demandam a cominação da sanção pecuniária, que restou estipulada no preceito secundário de todos os tipos descritos no Decreto. A multa, contudo, poderá ser substituída pela sanção de advertência, desde que presentes os seguintes pressupostos:

- Infrações de menor lesividade, ou seja, aquelas em que a multa máxima cominada não

ultrapasse o valor de R$ 1.000,00 (mil reais), ou que, no caso de multa por unidade de medida, a multa aplicável não exceda o valor referido;
- Ausência de aplicação da sanção de advertência ou de outra sanção administrativa ao mesmo autuado no prazo de três anos contados do julgamento da penalidade anterior.

II. Multa simples e agravamento

O maior regramento para aplicação das sanções administrativas é relegada à multa pecuniária, tendo em vista ser ela a sanção mais recorrente. O decreto estabelece, portanto, os critérios de proporcionalidade que devem ser observados quando de sua cominação: gravidade do fato, antecedentes do infrator e situação econômica do autuado (art. 4º). Nos preceitos secundários dos tipos administrativos, o Decreto estipula valor de multa fixa (variável, em algumas situações, conforme a quantidade ou extensão do bem protegido) ou um interstício dentro do qual serão ponderados os critérios de proporcionalidade para valorar a multa de acordo com o caso concreto. Quando o Decreto já estabelece um valor de multa fixo, não cabe à autoridade administrativa valorar seu acerto e aplicar os critérios de proporcionalidade.

Assim, o art. 4º do Decreto n. 6.514/2008, seja na majoração ou na minoração, somente será aplicado às multas abertas ou em outros permissivos normativos, tal qual o art. 24, §9º do Decreto.

A gravidade do fato é analisada através de circunstâncias agravantes e atenuantes, cuja disciplina é relegada pelo Decreto a atos do órgão ambiental.

Com relação ao parâmetro de antecedentes do infrator, o Decreto prevê hipótese de agravamento, caso constatada a reincidência, nas seguintes hipóteses:

Art. 11. O cometimento de nova infração ambiental pelo mesmo infrator, no período de cinco anos, contados da lavratura de auto de infração anterior devidamente confirmado no julgamento de que trata o art. 124, implica:
I - aplicação da multa em triplo, no caso de cometimento da mesma infração; ou
II - aplicação da multa em dobro, no caso de cometimento de infração distinta.

§ 1º O agravamento será apurado no procedimento da nova infração, do qual se fará constar, por cópia, o auto de infração anterior e o julgamento que o confirmou.

§ 2º Antes do julgamento da nova infração, a autoridade ambiental deverá verificar a existência de auto de infração anterior confirmado em julgamento, para fins de aplicação do agravamento da nova penalidade.

§ 3º Após o julgamento da nova infração, não será efetuado o agravamento da penalidade.

§ 4º Constatada a existência de auto de infração anteriormente confirmado em julgamento, a autoridade ambiental deverá:
I - agravar a pena conforme disposto no caput;
II - notificar o autuado para que se manifeste sobre o agravamento da penalidade no prazo de dez dias; e
III - julgar a nova infração considerando o agravamento da penalidade.

§ 5º O disposto no § 3º não se aplica para fins de majoração do valor da multa, conforme previsão contida nos artigos 123 e 129.

Os critérios supra elencados serão verificados no curso do procedimento administrativo ambiental e aplicados à multa consolidada por ocasião do julgamento. O agravamento de que trata o art. 11

incide sobre multas fixas e multas abertas. Constatando o indicativo de agravamento, o autuado deverá ser intimado para, no prazo de dez dias, manifestar-se quanto à imputação. A aplicação do referido agravamento preclui com o julgamento do auto de infração, sem que se tenha decidido pela incidência da majoração da penalidade.

III. Multa diária

A multa diária é indicada para as infrações que se prolongam no tempo e deve observar o teto de 10% (dez por cento) do valor da multa simples aplicável ao caso concreto. Periodicamente, será consolidado o valor da multa para fins de sua cobrança.

IV. Apreensão

A apreensão figura no Decreto como sanção às infrações ambientais e também como medida acautelatória.

Art. 102. Os animais, produtos, subprodutos, instrumentos, petrechos, veículos de qualquer natureza referidos no inciso IV do art. 72 da Lei no 9.605, de 1998, serão objeto da apreensão de que trata o inciso I do art. 101, salvo impossibilidade justificada.

Como sanção ela deve ser confirmada pela autoridade julgadora para proceder-se posteriormente à sua destinação, com observância do disposto no art. 25 da Lei n. 9.605 e na Seção II, IV e VI do Capítulo II do Decreto n. 6.514/2008. A norma também prevê a destinação sumária de alguns dos bens, produtos e instrumentos apreendidos, quando estes forem perecíveis ou estiverem sob risco iminente de perecimento:

Art. 107. Após a apreensão, a autoridade competente, levando-se em conta a natureza dos bens e animais apreendidos e considerando o risco de perecimento, procederá da seguinte forma:

I - os animais da fauna silvestre serão libertados em seu hábitat ou entregues a jardins zoológicos, fundações, entidades de caráter científico, centros de triagem, criadouros regulares ou entidades assemelhadas, desde que fiquem sob a responsabilidade de técnicos habilitados, podendo ainda, respeitados os regulamentos vigentes, serem entregues em guarda doméstica provisória. (Redação dada pelo Decreto nº 6.686, de 2008).

II - os animais domésticos ou exóticos mencionados no

art.103 poderão ser vendidos;

III - os produtos perecíveis e as madeiras sob risco iminente de perecimento serão avaliados e doados.

§ 1o Os animais de que trata o inciso II, depois de avaliados, poderão ser doados, mediante decisão motivada da autoridade ambiental, sempre que sua guarda ou venda forem inviáveis econômica ou operacionalmente.

Desta feita, compreende-se que a apreensão figura como medida acautelatória com vistas a evitar a continuidade do dano ou de permitir a fruição de bem de origem ou utilização ilícita. Nas situações excepcionais delineadas no art. 107 do Decreto n. 6.514/2008, poderá ser realizada a destinação sumária dos bens apreendidos.

No entanto, a praxe é que, somente após a confirmação do auto de infração e das respectivas sanções cominadas, seja realizada a destinação adequado dos bens. No interstício de tempo entre a efetivação da apreensão como medida acautelatória e a destinação do bens apreendidos, estes devem ficar sob a guarda do órgão ambiental fiscalizador ou de depositário fiel (art. 106 do Decreto).

A destinação final dos bens apreendidos, a

qual se consolida ao final do processo administrativo, confirmando a apreensão aplicada como medida acautelatória, deve observar o disposto no art. 134ss do Decreto n. 6.514:

Art. 134. Após decisão que confirme o auto de infração, os bens e animais apreendidos que ainda não tenham sido objeto da destinação prevista no art. 107, não mais retornarão ao infrator, devendo ser destinados da seguinte forma:

I - os produtos perecíveis serão doados;

II - as madeiras poderão ser doadas a órgãos ou entidades públicas, vendidas ou utilizadas pela administração quando houver necessidade, conforme decisão motivada da autoridade competente;
III - os produtos e subprodutos da fauna não perecíveis serão destruídos ou doados a instituições científicas, culturais ou educacionais;

IV - os instrumentos utilizados na prática da infração poderão ser destruídos, utilizados pela administração quando houver necessidade, doados ou vendidos, garantida a sua descaracterização, neste último caso, por meio da reciclagem quando o instrumento puder ser utilizado na prática de novas infrações;

V - os demais petrechos, equipamentos, veículos e embarcações descritos no inciso IV do art. 72 da Lei nº 9.605, de 1998, poderão ser utilizados pela administração quando houver necessidade, ou ainda vendidos, doados ou destruídos, conforme decisão motivada da autoridade ambiental;

VI - os animais domésticos e exóticos serão vendidos ou doados.

VII - os animais da fauna silvestre serão libertados em seu hábitat ou entregues a jardins zoológicos, fundações, centros de triagem, criadouros regulares ou entidades assemelhadas, desde que fiquem sob a responsabilidade de técnicos habilitados.

Art. 135. Os bens apreendidos poderão ser doados pela autoridade competente para órgãos e entidades públicas de caráter científico, cultural, educacional, hospitalar, penal, militar e social, bem como para outras entidades sem fins lucrativos de caráter beneficente. (Redação dada pelo Decreto nº 6.686, de 2008).

Parágrafo único. Os produtos da fauna não perecíveis

serão destruídos ou doados a instituições científicas, culturais ou educacionais.

Art. 136. Tratando-se de apreensão de substâncias ou produtos tóxicos, perigosos ou nocivos à saúde humana ou ao meio ambiente, as medidas a serem adotadas, inclusive a destruição, serão determinadas pelo órgão competente e correrão a expensas do infrator.

Registre-se que, no âmbito do IBAMA, a destinação de bens apreendidos, tanto sumária como definitiva, foi contemplada na Instrução Normativa n. 28/2009.

Da prescrição punitiva no processo administrativo ambiental

Conversão de multa

A Lei n. 9.605/98, no §4º do art. 72, prevê a possibilidade de conversão da multa administrativa em prestação de serviços de preservação, melhoria e recuperação da qualidade do meio ambiente. Ao disciplinar referido dispositivo, o Decreto n. 6.514/2008 atribuiu a competência para decidir sobre a conversão à autoridade ambiental (autoridade julgadora ou recursal do auto de infração). No art. 140 conceituou os serviços de que trata a Lei n. 9.605/98, nos seguintes termos:

Art. 140. São considerados serviços de preservação, melhoria e recuperação da qualidade do meio ambiente:

I - execução de obras ou atividades de recuperação de danos decorrentes da própria infração;

II - implementação de obras ou atividades de recuperação de áreas degradadas, bem como de preservação e melhoria da qualidade do meio ambiente;

III - custeio ou execução de programas e de projetos ambientais desenvolvidos por entidades públicas de proteção e conservação do meio ambiente; e

IV - manutenção de espaços públicos que tenham como objetivo a preservação do meio ambiente.

Art. 141. Não será concedida a conversão de multa para reparação de danos de que trata o inciso I do art. 140, quando:

I - não se caracterizar dano direto ao meio ambiente; e

II - a recuperação da área degradada puder ser realizada pela simples regeneração natural.

Parágrafo único. Na hipótese do caput, a multa poderá ser convertida nos serviços descritos nos incisos II, III e IV do art. 140, sem prejuízo da reparação dos danos praticados pelo infrator.

Ao preceituar a possibilidade de que a multa administrativa seja convertida na recuperação do dano oriundo da própria infração, o Decreto confundiu as responsabilidades civil e administrativa por condutas lesivas ao meio ambiente.

O deferimento do pedido de conversão, que deverá ser veiculado por ocasião da apresentação da defesa administrativa, importa na concessão de um desconto de 40% (quarenta por cento) do valor consolidado da multa aplicada. Os 60% (sessenta por cento) restantes deverão ser destinados à execução do serviço na forma e prazos estipulados no projeto aprovado no âmbito do órgão ambiental. A conversão será formalizada por intermédio de termo de compromisso firmado com o autuado, no curso do qual restará suspensa a exigibilidade da multa. Se não cumprido o ajuste, será restaurada a multa ambiental convertida e o autuado será compelido a executar as medidas previstas no termo de compromisso.

Procedimento administrativo

Consoante afirmado supra, o procedimento administrativo de apuração da infração e consolidação da sanção tem início, em regra, com ação de fiscalização em que se constata a ocorrência de um ilícito ambiental.

O interessado deve ser cientificado da lavratura do auto de infração em seu desfavor e poderá sê-lo pessoalmente, no ato da fiscalização, por via postal ou por edital, no caso de estar em lugar incerto, não sabido ou se não for encontrado no endereço (art. 96 do Decreto nº 6.514/2008). A ciência do auto de infração marca o termo inicial para fluência do prazo de 20 (vinte) dias para o autuado apresentar defesa.

A defesa e a análise do processo por parte do Poder Público indicarão a necessidade de diligências ou de robustecer a instrução processual. Há a possibilidade do deferimento de provas especifica e justificadamente requeridas pelo interessado, por oportunidade da defesa. Havendo controvérsia jurídica apontada, o processo será encaminhado para análise e manifestação da Procuradoria Federal Especializada junto ao órgão ambiental.

Apresentada ou não defesa por parte do autuado, o processo deve ser levado a julgamento da autoridade competente a qual, antes de proferir sua decisão, deverá intimar o autuado para apresentar alegações finais no prazo de dez dias. Salvo se houver indicativo de agravamento da situação do autuado, dispensa-se a intimação pessoal e recorre-se à publicação de intimação na sede administrativa do local onde tramita o processo e no sítio eletrônico do órgão responsável pela autuação na rede mundial de computadores.

Após transcurso do prazo para apresentação de alegações finais, o auto de infração deve ser levado a julgamento, oportunidade em que deverá ser confirmada a autoria, a materialidade e as sanções cominadas. Quando a estas, é dado à autoridade julgadora proceder a sua majoração, minoração, substituição, acréscimo ou cancelamento. A decisão administrativa deverá ser motivada, com indicação dos fatos e fundamentos jurídicos em que se baseia.

por ocasião do julgamento que preclui a possibilidade de se aplicar o agravamento de que trata o art. 11 do Decreto (reincidência). A decisão da autoridade administrativa deverá abordar, ainda, as medidas acautelatórias que porventura tenham sido aplicadas. Também é na decisão do julgamento que a autoridade ambiental deverá se manifestar acerca do pleito de conversão de multa.

O autuado deverá ser notificado da decisão

de julgamento do auto de infração, a partir de quando passa a transcorrer o prazo de 20 (vinte) dias para interposição de recurso. O recurso deverá ser dirigido à autoridade julgadora que, se não reconsiderar sua decisão, encaminhará as razões recursais à autoridade superior. O recurso, salvo decisão expressa das autoridades administrativas, não tem efeito suspensivo, ressalvados os atos de cobrança da sanção pecuniária. A autoridade superior responsável pelo julgamento do recurso poderá confirmar, modificar, anular ou revogar, total ou parcialmente, a decisão recorrida.

Insta registrar que, conforme disposto no art. 124, §3º do Decreto n. 6.514/2008, a autoridade julgadora deverá ser apontada em ato interno dos órgãos ambientais. No mesmo sentido, o §2º do art. 127 relega a normativo interno a definição da autoridade superior, competente para análise do recurso e fazer às vezes de uma segunda instância administrativa. O Decreto permite que os órgãos administrativos disciplinem as hipóteses em que é cabível o recurso necessário.

O Decreto contempla, ainda, a possibilidade de que, da decisão do recurso, seja manejado novo apelo, dirigido ao CONAMA. A Lei n. 6.938/81 previa a competência do CONAMA como última instância recursal para decidir sobre multas e outras penalidades impostas pelo órgão ambiental federal. No entanto, referida atribuição foi suprimida por força do advento da Lei n. 11.941/2009 (inciso XIII do art. 79). Desta feita, subsistem no processo administrativo ambiental federal apenas duas instâncias, com o que se intenta alcançar a celeridade processual e o respeito ao princípio do duplo grau de jurisdição.

O julgamento do recurso acaso interposto pelo autuado encerra o procedimento administrativo ambiental, com o que se terá concluído a apuração da infração imputada no auto de infração que inaugura o processo e consolidadas as sanções indicadas pelo agente autuante e confirmadas, alteradas ou incluídas pelas autoridades julgadora e superior.

A apuração das infrações administrativas ambientais inicia-se com a constatação, pelo agente autuante, do cometimento de uma conduta tipificada no Decreto nº 6.514/2008, o que deve gerar a instauração de um procedimento administrativo adequado. No curso do referido procedimento, será dada oportunidade para o administrado exercer seu direito à ampla defesa e ao contraditório, bem como se confirmará a ocorrência ou não da infração ambiental.

A cada tipo infracional corresponde uma sanção administrativa, também elencada no Decreto nº 6.514/2008. Situações que demandem medidas imediatas para conter o dano ambiental, fazer cessar a infração ou resguardar a utilidade do processo podem dar ensejo à aplicação das medidas acautelatórias, previstas no art. 101 do Decreto nº 6.514/2008.

Verifica-se, assim, que o arcabouço normativo que regulamenta o sistema administrativo sancionatório é deveras seguro e robusto. Desse modo, impende que seja estritamente observado, de modo a fortalecer os instrumentos de proteção ambiental.

O FINANCIAMENTO DO AGRONEGÓCIO E A RESPONSABILIDADE DOS AGENTES FINANCEIROS NOS IMPACTOS AMBIENTAIS

Verificou-se nas últimas décadas uma grande preocupação em relação ao desenvolvimento do agronegócio e os seus impactos degradantes na natureza, inserindo-se, nesse contexto, a participação das instituições financeiras como os grandes fomentadores desse segmento pela via creditícia

Desse crescimento resultou uma necessidade de fluxo de capitais sem precedentes, o que acabou por chamar a atenção dos grandes conglomerados financeiros, dado que a indústria do agronegócio, pela modernização e aplicação de técnicas de produção em larga escala, tornou-se, também, em um negócio milionário, dentro de uma cadeia produtiva altamente complexa e interligada.

Assim, alicerçados pelas crescentes injeções de recursos por parte dos grandes conglomerados financeiros e apoiados pelas políticas governamentais focadas em superávits econômicos, o setor agroindustrial avança de maneira quase irrefreável e, nessa esteira, vem deixando um rastro de impactos ambientais.

Em decorrência de uma maior amplitude desses

conceitos, provavelmente seriam os agentes financiadores do agronegócio mais facilmente trazidos à responsabilidade pelos danos causados pelos seus já lucrativos clientes e, dessa feita, torná-los, efetivamente, parte integrante da rede de proteção ambiental.

Assim, o agronegócio, movido por esse mesmo impulso desenvolvimentista, numa corrida por maiores taxas de crescimento e produtividade, apoiados hodiernamente pelos grandes conglomerados financeiros, vem se transformando num dos maiores agentes agressores do meio ambiente, onde o lucro se sobrepõe a direitos inclusive fundamentais como o da preservação da natureza para as gerações futuras, tutela essa expressamente positivada no caput do artigo 225 da nossa Carta Magna:

Art.225. Todos tem direito ao meio ambiente ecologicamente equilibrado, bem de uso comum do povo e essencial à sadia qualidade de vida, impondo-se ao Poder Público e à coletividade o dever de defendê-lo e preservá-lo para as presentes e futuras gerações.

Pelo exposto, poder-se-ia perseguir a responsabilidade civil objetiva das instituições financeiras quando da ocorrência de danos ambientais gerados por seus financiados, em especial no agronegócio, ainda que não se possa provar a culpa daquelas, mas, muito principalmente, pela existência do nexo causal, devidamente tangibilizado pelo contrato de empréstimo entre as partes, aplicando-se, para tal fim, a teoria do risco.

Por fim, em caso de validação da hipótese anterior, seria coerente afirmar que da responsabilização civil objetiva das instituições financeiras, nos casos em tela, resultaria uma considerável redução dos fatos geradores de danos ambientais por parte dos seus mutuários, pelo fato de que naturalmente se transformariam tais instituições, em verdadeiros fiscais ambientais, senão movidos por um impulso cívico, mas por uma necessidade de protegerem seus capitais investidos.

PRÁTICAS PRODUTIVAS RESPONSÁVEIS

As práticas agrícolas responsáveis caracterizam-se pela adoção de técnicas de produção menos impactantes ambientalmente, com o emprego de tecnologias mais limpas, aliando rentabilidade agrícola, equilíbrio ambiental e responsabilidade social.

As pesquisas agrícolas geram tecnologias que, por sua vez, oferecem aos agricultores uma gama de opções de produção, sendo que:

- uma parte advém do aumento dos insumos agrícolas (adubos, fertilizantes, agroquímicos, etc.);
- outras optam pelo emprego de novas variedades agrícolas, mais resistentes, desenvolvidas para determinadas condições de solo e clima;
- outras procuram conciliar diversas características ambientais, de solo, de clima etc., de forma a proteger o ambiente, conferindo maior qualidade ambiental com a adoção de boas práticas desde o manejo da cultura, tanto na colheita quanto na pós-colheita. Dessa forma, são oferecidos melhores produtos

agrícolas e/ou florestais ao mercado;
- outras têm, ainda, como base, os processos agroecológicos que alinham sustentabilidade ambiental à manutenção dos processos ecológicos, valorizando a biodiversidade, evitando o uso de agroquímicos, a monocultura e a degradação ambiental.

A fim de conciliar a produção agrícola e o equilíbrio ambiental, apresentamos a seguir um conjunto de boas práticas agrícolas que podem ser utilizadas separadamente ou em conjunto na propriedade rural.

Utilização de consórcios agrícolas

Como os componentes de um sistema agrícola interagem entre si, a sustentabilidade da produção passa necessariamente pelo bom manejo da propriedade. A integração da agricultura com a pecuária, ou com a silvicultura ou ambas é uma atividade interessante e desafiadora. Pois se baseia na otimização do espaço, no uso racional dos recursos naturais, e na diminuição dos impactos ambientais. Ela pode prover maior sustentabilidade à propriedade e maior renda para o produtor rural. Falaremos sobre algumas delas:

Integração lavoura-pecuária ILP

Nesse caso, o objetivo é reduzir os custos da renovação de pastagem, melhorar a qualidade do solo e realizar melhor controle de plantas invasoras.

A Integração Lavoura - Pecuária (ILP) consiste na diversificação da produção, na qual agricultura e pecuária passam a fazer parte de um mesmo sistema. A integração lavoura-pecuária prevê a utilização de áreas improdutivas ou em processo de degradação, de forma a reduzir a abertura de novas áreas para
atividades agrícolas, por meio do manejo sustentável.

Para a integração lavoura-pecuária podem ser utilizados dois sistemas: Santa Fé e Barreirão. O sistema Santa Fé é utilizado em propriedades em que o solo já está corrigido, por meio da dessecação da pastagem e na realização de plantio direto sobre a palhada do consórcio de lavoura com pasto. Já o sistema Barreirão deve ser implantado em pastagens degradadas, onde é necessário corrigir o perfil do solo.

A construção de cercas ao longo das matas ciliares e áreas de preservação
permanente, para evitar o pisoteio do gado, e nas margens do rio deve ser implementada, mediante a construção de barragens. Num primeiro momento, essa ação gera um custo a mais para o produtor,

porém os ganhos advindos da redução de acidentes, diminuição da degradação ambiental e ganho de peso animal compensam o investimento inicial.

Agrossilvicultura

A agrossilvicultura promove uma interface entre a agricultura e a floresta, representando redução no custo de aplicação de agrotóxicos, diminuição das perdas de solo e manutenção dos nutrientes, uma vez que o solo permanece com cobertura florestal por mais tempo, o que diminui o emprego de fertilizantes, além de gerar uma receita adicional para a propriedade. Suas bases fundamentam-se na silvicultura (estudo e exploração de florestas), agricultura, zootecnia, no manejo do solo e em outras disciplinas ligadas ao uso da terra. Seus objetivos mais amplos são: produção de alimento; produção de produtos florestais madeireiros e não madeireiros; produção de matéria orgânica; melhoria da paisagem; incremento da diversidade genética; conservação ambiental; formação de cercas-vivas; quebra-ventos e sombra para criação animal. Um sistema agropecuário é visto como uma entidade organizada com o propósito de usar os recursos naturais para obter produtos e benefícios agrícolas. A agrossilvicultura é utilizada para designar um amplo conjunto de sistemas produtivos que combinam espécies agrícolas ou animais com espécies florestais. Assim, busca conciliar a produção com a conservação dos recursos naturais, em bases agroecológicas. Nesse sistema, as plantas são levadas a ocuparem nichos diferenciados, de forma a não competir entre si durante a sucessão natural que ocorre no local.

A utilização de árvores nas propriedades agrícolas aumenta a capacidade de armazenamento de água nos solos, diversifica a paisagem, tornando-a mais estável às intempéries. Além de propiciar alternativas de geração de renda e trabalho, pela colheita de madeira e de produtos não-madeireiros. As árvores:

• realizam a ciclagem de nutrientes profundos;
• mantêm umidade;
• propiciam sombra;
• fornecem madeira, frutos, raízes, cascas, folhas, resinas e óleos;
• realizam a função de quebra-vento;
• captam CO_2;
• são abrigo e habitat de diversas espécies;
• melhoram a conexão entre os diversos ambientes;
• aproveitam melhor o terreno;
• controlam a erosão; e
• melhoram a qualidade do solo e a absorção de água.

Mais informações sobre agrossilvicultura podem ser obtidas na EMBRAPA,
em organizações não-governamentais especializadas ou no órgão de
extensão rural de seu estado.

Aproveitamento de áreas degradadas e alteradas

A incorporação de áreas degradadas, alteradas e inaproveitáveis ao processo produtivo é considerada, atualmente, o principal fator de crescimento da produtividade agrícola brasileira, evitando o avanço sobre novas áreas ainda cobertas por vegetação nativa, principalmente as áreas florestadas. Estima se, por meio de dados da Embrapa, que há, no país, cerca de 120 milhões de hectares de áreas desmatadas abandonadas. Por meio de processos de recuperação dessas áreas, é possível aumentar em cerca de três vezes a produção nacional, sem o aumento da área desmatada.

A recuperação de pastagens e de outras áreas degradadas também constitui possibilidade para aumentar a produção e o rendimento da propriedade, aproveitando-se da infraestrutura já disponível e diminuindo o passivo ambiental.

Técnicas de manejo e conservação do solo

O solo do Cerrado possui pouca fertilidade, baixo pH (solos ácidos) e pouca matéria orgânica. Tais condições praticamente inviabilizariam a produção, caso não fossem empregadas tecnologias apropriadas. As pesquisas permitiram estabelecer percentuais adequados de calcário para a aplicação no solo, utilização de fertilizantes e manejo, o que viabiliza a agricultura no bioma. Por isso, hoje, é possível o plantio comercial de arroz, milho, soja, feijão caupi, fruteiras, algodão, girassol, entre outras culturas que demonstram potencial para a região.

Antigas práticas agrícolas que empregavam a queimada para a limpeza, o preparo e o plantio, ainda continuam sendo utilizadas em algumas áreas. No entanto, a queimada empobrece o solo, consome nutrientes e elimina a matéria orgânica. A fumaça liberada causa danos à saúde e contribui para o aquecimento do planeta. Não é por outro motivo que 75% do CO_2 emitido pelo Brasil advêm das queimadas.

Algumas técnicas de manejo e conservação do solo, como o plantio direto, o controle de erosão e o terraceamento são atualmente empregadas para conter a perda dos solos e manter as suas propriedades físico-químicas.

Plantio direto

No Plantio Direto, o solo não é revolvido, o que elimina as operações de aração e gradagem. Os restos da cultura anterior, a chamada "palhada", são mantidos sobre a terra, ajudando na ciclagem de nutrientes e na retenção da umidade, diminuindo o risco de erosão e elevando os níveis de matéria orgânica no solo. A redução de perda de solos por essa prática, em algumas situações, significa que as propriedades rurais, antes degradadoras do solo, passam a ser prestadoras de serviços ambientais. Pode-se até, em algumas bacias hidrográficas, receber recursos financeiros por isso. Vantagens da implantação do Plantio Direto:

- Método mais eficiente no controle de erosão;
- Melhoria da qualidade ambiental, na medida em que é fator de controle mais efetivo da erosão do solo, redução dos riscos de assoreamento e poluição das águas;
- Menor número de operações de trabalho, o que leva à redução das horastrator, de consumo de combustível, de tempo e aumento da vida útil

das máquinas. Menos máquinas são necessárias, ou maiores áreas podem ser cultivadas com o mesmo maquinário;
- Aumento da atividade biológica do solo (minhocas, artrópodes, bactérias, fungos, nematóides, etc.);
- Produção de alimentos que têm maior valor agregado;
- Manutenção e aumento da fertilidade do solo a longo prazo, levando a certo grau de economia de fertilizantes, ao reduzir-se a necessidade de compensações devido às perdas por erosão do solo;
- Maior retenção de água no solo, 70% maior em comparação com o sistema convencional.

O uso consecutivo de herbicidas no plantio direto influi diretamente na biodiversidade da área cultivada. Por serem tóxicos, esses produtos também apresentam efeitos adversos à saúde humana e ao meio ambiente. Contudo, há estratégias que permitem o uso do plantio direto com sensível redução do uso de herbicidas.

Rotação de culturas

A rotação de culturas é milenar e não consiste, simplesmente, na "troca de culturas" de forma arbitrária, mas, ao contrário, no restabelecimento prático do equilíbrio biológico. Compreendendo que o equilíbrio biológico é dinâmico, a rotação de culturas representa uma sucessão ordenada de diferentes culturas num espaço de tempo e área, obedecendo a objetivos definidos.

Algumas vantagens da implantação da rotação de culturas:

- melhora a qualidade físico-químico e biológica do solo;
- contribui para a reposição de matéria orgânica;
- diminui o ataque de pragas;
- diminui a incidência de doenças;
- favorece o controle de ervas daninhas;
- viabiliza o plantio direto.

Controle de erosão

A erosão dos solos é o desprendimento e arraste de partículas do solo pela água e pelo vento, sendo a chuva um dos fatores climáticos de maior importância. Técnicas que têm contribuído para a diminuição da perda dos solos e controle da erosão:

- quebra-ventos;
- plantio em nível;
- terraceamento;

- plantio direto;
- utilização de cobertura morta.

Mais informações podem ser obtidas na Associação de Plantio Direto no
Cerrado – APDC ou na Federação Brasileira de Plantio Direto na Palha –
FEBRAPDP.

Manejo integrado de pragas e doenças MIP

Nesse sistema, conciliam-se diversos métodos de controle, levando-se em
consideração o custo de produção e o impacto sobre o ambiente, reduzindo ao máximo o uso de agroquímicos. Os órgãos de pesquisa recomendam que sejam utilizadas técnicas de controle baseadas no nível do ataque, controle biológico, controle cultural, tratamento de sementes, controle químico e utilização de sementes ou cultivares resistentes às pragas e doenças.

Nesse método de produção devem ser adotados métodos alternativos, tais como feromônios, biopesticidas, erradicação de hospedeiros alternativos, retirada e queima das partes vegetais afetadas. O manejo integrado do solo (com rotação de culturas, plantio direto, adubação equilibrada, utilização de barreiras verdes, manutenção de áreas de preservação permanente e reservas legais, a poda e raleio adequados) é um fator que propicia, ao longo do tempo, a redução do estabelecimento das pragas e patógenos, facilita o seu controle, além de aumentar a produtividade.

Para a implantação do MIP, três etapas são fundamentais: avaliação do agroecossistema, tomada de decisão e escolha da estratégia de controle a ser adotada.

A avaliação do agroecossistema refere-se ao conhecimento das pragas e aos períodos críticos da cultura em relação ao ataque das mesmas. Outros métodos que não os químicos podem ser adotados, mediante conhecimento sobre o histórico da área e da cultura, da capacidade ou possibilidade de se fazer previsões da ocorrência e estabelecimento de pragas, em função dos fatores ecológicos. Depois da cultura implantada, as etapas de tomada de decisão e escolha da estratégia de controle dizem respeito basicamente à utilização de agroquímicos.

A tomada de decisão é efetuada através da análise dos aspectos econômicos da cultura e da relação custo/benefício do controle de pragas.

A seleção da estratégia a ser adotada dependerá das ações tomadas anteriormente, devendo optar pela utilização de agroquímicos caso não tenham sido resolvidos os problemas mediante a utilização de variedades resistentes, rotação de culturas, preparo do solo, alteração da época de plantio ou colheita, adubação, manejo das plantas daninhas, manejo da água e da adubação, etc.

Vantagens do manejo integrado de pragas e doenças:

• Redução do volume de agroquímicos empregados;

• Diminuição do custo de produção;

• Menor contaminação de produtos;

• Aumento do valor do produto final;

• Proteção da cadeia alimentar e

• Proteção do ecossistema e da biodiversidade .

Mais informações sobre essa técnica podem ser obtidas na EMBRAPA ou no

órgão de extensão de seu estado.

CONSIDERAÇÕES FINAIS

No mundo todo, os efeitos dos impactos ambientais vêm sendo percebidos. O receio é que o desastre ambiental não se trate apenas de uma remota possibilidade.

Relatórios recentes de institutos de pesquisa demonstram que, caso nada seja feito, o clima será alterado em proporções drásticas, prejudicando especialmente aqueles setores da economia que dependem da natureza, como é o caso da agricultura. O produtor rural será diretamente afetado. Ele tem que ser, portanto, o primeiro a tomar providências, pois o seu ramo de atividade depende da adoção de práticas que conservem o meio ambiente.

A presente cartilha foi elaborada a fim de oferecer algumas orientações jurídicas e a responsabilidade social e ambiental que do produtor rural. Como aproveitar melhor a sua propriedade e ao mesmo tempo colaborar para a conservação ambiental. Ela teve como objetivo apresentar possibilidades que realmente podem fazer a diferença, considerando não somente a realidade do produtor, mas também o seu compromisso e sua responsabilidade perante o meio ambiente e a sociedade atual.

Não é mais possível imaginar que a conservação ambiental seja um problema externo à propriedade, cabendo exclusivamente ao governo tomar as providências. Essa atitude apenas referenda a posição de intensificar as restrições, de ampliar o rigor e a fiscalização. Quanto mais o produtor rural se tornar um aliado da conservação, mais estímulo terá e mais forte será o seu papel na sociedade.

No entanto se realmente nada for feito, caberá

ao poder público tomar providências, talvez enérgicas, para se fazer cumprir o que determina a nossa Constituição Federal, em seu capítulo de meio ambiente, ou seja, garantir um meio ambiente sadio e qualidade de vida tanto para a presente quanto para as gerações futuras.

A adoção de boas práticas e o cumprimento das normas são o meio pelo
qual a empresa rural e o agricultor podem contribuir para o desenvolvimento socioambiental do País. E o sucesso atual da agricultura brasileira tem plenas condições de continuar e até ser ampliado no mercado internacional, principalmente se houver avanços efetivos nas questões da responsabilidade socioambiental.

Assim, outros países, de olho na pujança de nossa agricultura, certamente não encontrarão nos aspectos ambientais os argumentos para impor barreiras comerciais não tarifárias.

O agronegócio sempre esteve presente na nossa história. Desde que os primeiros portugueses aqui chegaram, os produtos que vêm da terra foram responsáveis pelo crescimento do nosso país. Passado muito tempo, o ramo continua sendo de extrema importância. Em 2013, por exemplo, 20% dos R$ 4,8 trilhões do PIB vieram do segmento.

Como destaque, temos a soja, principal produto cultivado aqui e vendido para outras nações. Em 2013, alcançamos o posto de maior exportador de soja, em grão, farelo e óleo: foram 57 milhões de toneladas.

E no futuro, nosso agronegócio tende a crescer por conta do aumento populacional.

Como vantagens em relação a outros países, temos o extenso território – são 850 milhões de hectares, mais de 200 milhões deles agriculturáveis –, boa parte da água doce do planeta está em terras brasileiras e a incidência de sol e chuvas regularmente na maioria das regiões.

Porém, para que as empresas do segmento possam aproveitar as vantagens que a geografia do Brasil oferece e nosso agronegócio continue em destaque, é fundamental investir em soluções de TI. É com os benefícios oferecidos pelos softwares que processos demorados são automatizados e se tornam muito mais rápidos, mas desempenhados com a mesma segurança e o mesmo cuidado do que se fossem feitos manualmente.

São os softwares que permitem uma gestão mais eficiente e facilitada do negócio, o gerenciamento certeiro dos colaboradores e que auxiliam a manter a segurança pessoal e patrimonial. Enquanto isso, as atenções se voltam para o campo e a produtividade, que, consequentemente, será aumentada.

O investimento em soluções de TI também traz outra vantagem: diferencial competitivo.

Já pensou quanto a mais você pode lucrar do que uma empresa que se preocupa em realizar processos de forma manual? Os softwares vieram para ficar e se tornar aliados no caminho ao sucesso.

REFERÊNCIAS BIBLIOGRÁFICAS

AMIGOS DA TERRA. 2006. **Agronegócio e biocombustíveis: uma mistura explosiva – Impactos da expansão das monoculturas para a produção de bioenergia** / Silvia Noronha, Lúcia Ortiz [coordenação geral], Sergio Schlesinger.
[coordenação editorial]. Rio de Janeiro: Núcleo Amigos da Terra / Brasil, 2006. 24p.

BARROSO, Luis Roberto. A prescrição no direito brasileiro antes e depois da Lei 9873/99. Revista Diálogo Jurídico, Salvador, CAJ, v.1, n.4, 2001.

BOARETTO, Maria Aparecida Castellani & BRANDÃO, André Luiz Santos.
2000. **Manejo integrado de pragas**. Disponível em http://www.uesb.br/entomologia/manejo.html,

BRASIL. Decreto nº 6.514, de 22 de julho de 2008. Disponível em: < http://www.planalto.gov.br/ccivil_03/_ato2007-2010/2008/decreto/D6514.htm>. Acesso em: 10 mar 2011.

BRASIL. Lei nº 9.605, de 12 de fevereiro de 1998. Disponível em: < http://www.planalto.gov.br/ccivil_03/leis/l9605.htm>. Acesso em: 10 mar 2011.

COUTO E SILVA. Almiro. Princípios da legalidade da

administração pública e da segurança jurídica no estado de direito contemporâneo. RDA, São Paulo, v. 84.

IBGE. 2004. Vocabulário básico de recursos naturais e meio ambiente. 2ª
edição. Rio de Janeiro. IBGE. 2004.

MACHADO, Paulo Affonso Leme. Direito ambiental brasileiro. 14ª Ed. São Paulo: Malheiros, 2006.

MEIRELLES, Hely Lopes. Direito Administrativo Brasileiro. São Paulo: Editora Malheiros, 2005.

MILARÉ, Édis. Direito do Ambiente: A gestão ambiental em foco. Doutrina. Jurisprudência. Glossário. São Paulo: Editora Revista dos Tribunais, 2011.

SIRVINSKAS, Luís Paulo. Manual de Direito Ambiental. São Paulo: Editora Saraiva 2011.

TRENNEPOHL, Curt. Infrações contra o meio ambiente: multas e outras sanções administrativas. Belo Horizonte: Fórum, 2006.

GLOSSÁRIO

Agrotóxicos e afins - Produtos e agentes de processos físicos, químicos ou biológicos, destinados ao uso nos setores de produção, no armazenamento e beneficiamento de produtos agrícolas, nas pastagens, na proteção de florestas nativas ou plantadas, e de outros ecossistemas e de ambientes urbanos, hídricos e industriais, cuja finalidade seja alterar a composição da flora ou da fauna, a fim de preservá-las da ação danosa de seres vivos considerados nocivos, bem como as substâncias e produtos empregados como desfolhantes, dessecantes, estimuladores e inibidores de crescimento.

Bioma - Conjunto de vida (vegetal e animal) definida pelo agrupamento de tipos de vegetação contíguos e identificáveis em escala regional, com condições geoclimáticas similares e história compartilhada de mudanças, resultando em uma diversidade biológica própria.

Ecossistema - Sistema integrado e autofuncionante que consiste em interações dos elementos bióticos e abióticos, e cujas dimensões podem variar consideravelmente.

Embalagem - Invólucro, recipiente ou qualquer forma de acondicionamento, removível ou não, destinado a conter, cobrir, empacotar, envasar, proteger ou manter os agrotóxicos, seus componentes e afins.

Equipamento de Proteção Individual (EPI) - Todo vestuário, material ou equipamento destinado a proteger pessoa envolvida na produção, manipulação e uso de agrotóxicos, seus componentes e afins.

Floresta - Conjunto de sinúsias dominado por fanerófitos de alto porte, e apresentando quatro estratos bem definidos: herbáceo, arbustivo, arvoreta e arbóreo. Deve ser também levada em consideração a altura, para diferenciá-la das outra formações lenhosas campestres.

Floresta Homogênea - Formação florestal plantada, constituída por apenas uma ou poucas espécies de árvores.

Floresta Plantada - Formação florestal composta por espécies exóticas e/ou nativas, plantadas com objetivos específicos.

Floresta Primária - Floresta que nunca sofreu derrubada ou corte, sendo uma remanescente das florestas originais de uma região. Floresta não alterada pela ação do homem.

Floresta Ripária - Floresta que orla um ou os dois lados de um curso d'água, em uma região onde a vegetação característica não é florestal. ***Floresta Secundária*** - Floresta em processo de regeneração natural após ter sofrido derrubada ou alteração pela ação do homem ou de fatores naturais, tais como ciclones, incêndios e/ou erupções vulcânicas.

Licenciamento ambiental - Procedimento administrativo pelo qual o órgão ambiental competente licencia a localização, instalação, ampliação e a operação de empreendimentos ou atividades utilizadoras de recursos ambientais, considerados efetiva ou potencialmente poluidores ou daquelas que, sob qualquer forma, possam causar degradação ambiental, considerando as disposições legais e regulamentares e as normas técnicas aplicáveis ao caso.

Receita ou receituário - Prescrição e orientação técnica para utilização de agrotóxico ou afim, por profissional legalmente habilitado.

Regeneração - Processo através do qual porções de áreas cratônicas perde sua estabilidade, passando a fazer parte da faixa móvel adjacente. Afetando mais comumente a periferia dessas áreas, esse processo ocorre a níveis crustais/litosféricos profundos, traduzindo-se por retrabalhamento termal, tectônico e magmático.

Reserva Florestal - Área extensa, em estado natural, protegida pela legislação federal ou estadual, sem ocupação humana até que possa ser objeto de pesquisa e ter seus recursos sustentavelmente utilizados.

Reserva Legal - Área de cada propriedade onde não é permitido o corte raso, devendo ser averbada à margem da inscrição de matrícula do imóvel, no Registro de Imóveis competente, sendo vedada a alteração de sua destinação, nos casos de transmissão, a qualquer título, ou de desmembramento da área.

Zona de Amortecimento - O entorno de uma unidade de conservação, onde as atividades humanas estão sujeitas a normas e restrições específicas, com o propósito de minimizar os impactos negativos sobre a unidade.

www.ingramcontent.com/pod-product-compliance
Lightning Source LLC
Chambersburg PA
CBHW030445220526
45464CB00006B/2420